Inhalt

IT-Sicherheit - Experten erklären 2013 zum Jahr der großen Bedrohungen

Kernthesen

Beitrag

Fallbeispiele

Weiterführende Literatur

Impressum

IT-Sicherheit - Experten erklären 2013 zum Jahr der großen Bedrohungen

Harald Reil

Kernthesen

- In diesem Jahr werden Advanced Persistent Threats (ATPs), die Nutzung privater Hardware am Arbeitsplatz und Cloud-Spione den Unternehmen das Leben besonders schwer machen.
- Bei einer Umfrage unter Firmen der Technologie-, Medien und Telekommunikationsbranche beklagte fast die Hälfte ein zu schmales Budget zur Lösung von Sicherheitsproblemen.
- Zum Kampf gegen Kriminelle setzen

Unternehmen wie IBM, RSA und HP zunehmend auf die Auswertung von Big Data, um Cyberattacken zu erkennen.
- Bot-Master schleusen mobile Botnets in die Smartphones ihrer ahnungslosen Nutzer ein und missbrauchen sie zum Datenklau.

Beitrag

Viele IT-Sicherheitsexperten beklagen ein zu schmales Budget

Spielte 2012 noch die Compliance die wichtigste Rolle bei der Verbesserung der IT-Sicherheit, so haben sich in diesem Jahr die Akzente deutlich verschoben. Das ist die entscheidende Erkenntnis einer Studie, zu der die Wirtschaftsprüfungsgesellschaft Deloitte weltweit 120 Unternehmen aus der Technologie-, Medien- und Telekommunikationsbranche (TMT) befragt hat. Konkret bedeutet das Folgendes: 2013 werden so genannte Advanced Persistent Threats (APT), die Nutzung privater Hardware am Arbeitsplatz (BYOD = Bring Your Own Device) und die Cloud-Technologie die TMT vor große Herausforderungen stellen. Allerdings scheint das Problem bei fast der Hälfte der Unternehmen ein zu spärlich bemessenes Budget zu sein. Oder anders formuliert: Aufgrund der finanziellen Beschränkungen sehen sich 49 Prozent der IT-Experten nur ungenügend dazu in der Lage, adäquate Lösungen für Sicherheitsprobleme zu finden. (1)

Rogue-IT manipuliert Unternehmensdaten in der Cloud

Aber nicht nur die begrenzten Mittel stellen die Sicherheitsverantwortlichen vor ein Problem. Im Falle von "Rogue IT" (= "Schurken-IT") liegt die Schwierigkeit darin, dass Unternehmensdaten in der Cloud liegen und von Cyberkriminellen unbemerkt manipuliert werden. Kommt die Firmen-IT den Eindringlingen endlich auf die Schliche, kann es leicht zu spät sein, da sich die Malware bereits zu tief und weiträumig in die Dateninfrastruktur eingefressen hat. (4)

BYOD-Mentalität bereitet Sicherheitsexperten Sorgen

In der bereits oben zitierten Deloitte-Studie gaben 70 Prozent der befragten Experten an, dass ihnen die zunehmende Zahl privater mobiler Endgeräte, die

Mitarbeiter auch an ihren Arbeitsplätzen nutzen wollten, große Sorgen bereiteten. Denn vielen Arbeitnehmern sei gar nicht bewusst, dass Datengangster über ihre Smartphones und Tablets auch sensible Unternehmensdaten ausspionieren könnten. Vor allem kleinere und mittlere Unternehmen (KMU) sehen sich mit diesem Problem konfrontiert, da viele von ihnen noch kaum geeignete Richtlinien institutionalisiert haben, um Datenklau-Attacken wirksam vorzubeugen. (4), (6)

Big Data im Kampf gegen Sicherheitslücken

Im Kampf gegen die immer raffinierteren Hackerangriffe kommen den Unternehmen die so genannten Big Data zugute - riesige Datenmengen, die sich mithilfe der modernen Kommunikationstechnologien leicht sammeln lassen und die zum Beispiel auch Marketers verwenden, um das Verhalten von Kunden vorherzusagen. Im Kräftemessen mit Cybergangstern dienen die Big Data allerdings dazu, um Unregelmäßigkeiten auf die Spur zu kommen, die auf die Anwesenheit von Hackern schließen lassen. Die notwendige Spezialsoftware, um den riesigen Datenwald zu durchforsten, gibt es erst seit kurzer Zeit. Es ist jedoch davon auszugehen, dass mit steigender

Nachfrage auch immer mehr Anbieter auf den Plan treten werden, die diese Software vertreiben. Unternehmen, die sie schon im Angebot haben, sind zum Beispiel IBM, RSA und HP. (3)

Trends

Afrika - der Kontinent wird zur Operationsbasis für Cyberkriminelle

Trend Micro, ein Unternehmen, das sich auf Sicherheitslösungen für Cloud Computing spezialisiert hat, geht davon aus, dass sich Afrika immer mehr zur Operationsbasis für Cyberkriminelle entwickeln wird. Die Gründe für diese Annahme: Der Kontinent baut sein Internet-Netzwerk zwar sukzessive aus, doch viele afrikanische Staaten verfügen über keine adäquate Infrastruktur, um gegen Rechtsverletzungen in der Cyberwelt vorzugehen. Wenn diese Art der Kriminalität auch noch für einen Aufschwung in der lokalen Wirtschaft sorgen sollte, wird das, so fürchten die Experten, sogar ein Grund sein, sie als ein Instrument der Wohlstandsförderung zu tolerieren. (1)

Wirksame Gesetze gegen Cyberkriminelle fehlen noch

Trend Micro vermutet außerdem, dass selbst Industrienationen erst ab dem Jahr 2015 in der Lage sein werden, wirksamer als jetzt gegen Cyberkriminalität vorzugehen. Zwar gebe es in einigen Ländern bereits Behörden, die sich gegen diese Art des Verbrechens spezialisiert hätten, doch die gesetzlichen Rahmenbedingungen, die es den Fachleuten erlaubten, auch grenzübergreifende Attacken zu bekämpfen, fehlten noch. Bis es soweit sei, müssten Unternehmen selbst alles tun, um sich gegen Cyberkriminelle zu wehren. Eine intensive Aufklärung gegen mögliche Bedrohungen sei daher der erste Schritt zur Verbrechensbekämpfung. (1)

APTs - Angriffe auf Personen des öffentlichen Lebens werden zunehmen

Kopfschmerzen bereiten den Fachleuten vor allem die Advanced Persistent Threats - also hochraffinierte Hackerangriffe -, denen anscheinend nur schwer beizukommen ist. Laut des weltweit agierenden Anbieters für IT-Sicherheitslösungen, Fortinet, werden in den kommenden Monaten vor allem Attacken auf Personen des öffentlichen Lebens zunehmen, um sie mit kritischen Daten zu erpressen. Zur Zielgruppe gehören auch Unternehmenschefs. Aktuelle Beispiele von ATPs sind Stuxnet, Flame und Gauss. Im Vergleich mit Malware, die stationäre PCs angreift und die millionenfach im Umlauf ist, ist die Anzahl von mobiler Malware mit 50 000 Varianten noch relativ überschaubar. Experten gehen aber davon aus, dass diese Zahl sprunghaft steigen wird. (2)

Masse der Unternehmen profitiert erst 2014 von Windows 8

Zwar bietet Microsoft seinen Kunden mit dem neuen Betriebssystem Windows 8 verglichen mit früheren Versionen mehr Sicherheit. Dazu zählen zum Beispiel Secure Boot, eine Early Launch Anti-Malware sowie die Möglichkeit, Desktop-Apps relativ sicher herunterzuladen; die Masse der Unternehmen wird in diesem Jahr aus dieser verbesserten Sicherheitsinfrastruktur allerdings noch keinen Nutzen ziehen, da sie voraussichtlich erst im Jahr 2014 ihre PCs auf das neue System umrüsten wird. (1)

Fallbeispiele

Mobile Botnets nehmen zu

Die "European Network and Information Security Agency" (ENISA) hat mobile Botnets als kommende große Gefahr für Smartphones ausgemacht. Ein Bot-Master schleust die Datenklauer über einen Command-and-Control-Server (C&C-Server) in die Mobiltelefone ihrer ahnungslosen Nutzer ein und steuert sie fern. Er kann dann zum Beispiel Malware installieren oder Daten sammeln. Da Smartphones oft beruflich und privat genutzt werden, entziehen sie sich der Komplettkontrolle von Administratoren. Die Sicherheitslücken sind daher auch ungleich größer als bei Firmen-PCs. (5), (7)

Sicherheitslösungen von IBM, RSA und HP

IBM hat mit "IBM Security Analytics for Big Data" eine Sicherheitslösung auf den Markt gebracht, die riesige Datenmengen durchkämmen kann und so Advanced Persistent Threats auf die Schliche kommt. RSA hat mit "Junos Spotlight Secure" ein cloudbasiertes "Anti-ATP" entwickelt, das in bis vor kurzem noch nicht gekannter Schnelligkeit und Detailgenauigkeit Einzelattacken auf Gerätelevel aufdeckt. Mit "Junos WebApp Secure" ist diese Lösung auch für mobile Geräte erhältlich. Die "HP Security Breach Management Solution" dient der Entdeckung und Abwehr von Cyberattacken sowie der Wiederherstellung von Daten. Auch HPs Lösung ist in der Lage, riesige Datenmengen zu durchforsten. (3), (8)

Weiterführende Literatur

(1) Datensicherheit 10 Bedrohungen, die Cyberkriminelle 2013 planen
aus www.elektronikpraxis.de vom 10.01.2013

(2) Mehr Angriffe auf CEOs, Prominente & Politiker
aus "medianet" Nr. 1608/2013 vom 01.02.2013 Seite: 50

(3) Der Spion ist die Nadel im IT-Heuhaufen
aus VDI NR. 12-13 VOM 22.03.2013 SEITE 11

(4) BYOD, APT und Hacktivism
aus ChannelPartner.de, Meldung vom 22.03.2013

(5) Die Smartphone-Zombies kommen
aus ChannelPartner.de, Meldung vom 18.04.2013

(6) "Arbeitsunfall" der besonderen Art
aus ChannelPartner.de, Meldung vom 08.05.2013

(7) Cyberattacks. A Mounting Challenge For Employers
aus ChannelPartner.de, Meldung vom 08.05.2013

(8) Die Nadel im Heuhaufen finden: IBM kombiniert Sicherheit mit Big Data-Analytik
aus ddp direct Pressemitteilung vom 31.01.2013, 18:12:01

Impressum

IT-Sicherheit - Experten erklären 2013 zum Jahr der großen Bedrohungen

Bibliografische Information der deutschen Nationalbibliothek

Die Deutsche Nationalbibliothek verzeichnet diese Publikation in der deutschen Nationalbibliografie; detaillierte bibliografische Daten sind im Internet über http://dnb.d-nb.de abrufbar.

ISBN: 978-3-7379-0400-1

© 2015 GBI-Genios Deutsche Wirtschaftsdatenbank GmbH, Freischützstraße 96, 81927 München, www.genios.de

Alle Rechte vorbehalten. Dieses Werk ist einschließlich aller seiner Teile – z.B. Texte, Tabellen und Grafiken - urheberrechtlich geschützt. Jede Verwertung außerhalb der Grenzen des Urheberrechtsgesetzes bedarf der vorherigen Zustimmung des Verlags. Dies gilt insbesondere auch für auszugsweise Nachdrucke, fotomechanische

Vervielfältigungen (Fotokopie/Mikroskopie), Übersetzungen, Auswertungen durch Datenbanken oder ähnliche Einrichtungen und die Einspeicherung und Verarbeitung in elektronischen Systemen.